1. Auflage 2024
Copyright der überarbeiteten Neuausgabe
© 2024 Gerstenberg Verlag, Hildesheim
Text: Werner Holzwarth
Illustrationen und Gestaltung: Daniela Kulot
Alle Rechte vorbehalten
Die Erstausgabe erschien 2017 im Thienemann Verlag.
Druck und Bindung: TBB, a. s., Banská Bystrica
Printed in the Slovak Republic
ISBN 978-3-8369-6281-0

Weitere schöne Bilderbücher
findest du auf unserer Homepage:
www.gerstenberg-verlag.de

WERNER HOLZWARTH · DANIELA KULOT

# Sag mal DANKE, du Frosch !

GERSTENBERG

gehen einkaufen.

**DANKE**

... sagt Elefant, als ihm die Obstverkäuferin eine Banane schenkt.

**DANKE**

...sagt Maus,
als ihr der Käseverkäufer
ein Stückchen Camembert
spendiert.

Kein Wort sagt Frosch, als ihm die Fliegenverkäuferin eine kleine Schnake über den Tresen reicht.

... sagen Elefant und Maus,
als die Seerosenverkäuferin
jedem der drei eine Blüte gibt.
Frosch schaut nur weg.

Am nächsten Tag hat Frosch Geburtstag.

„Was sagt man?", fragt
Mama Frosch,
als ihm Opa Frosch
einen riesengroßen
Wasserball überreicht.

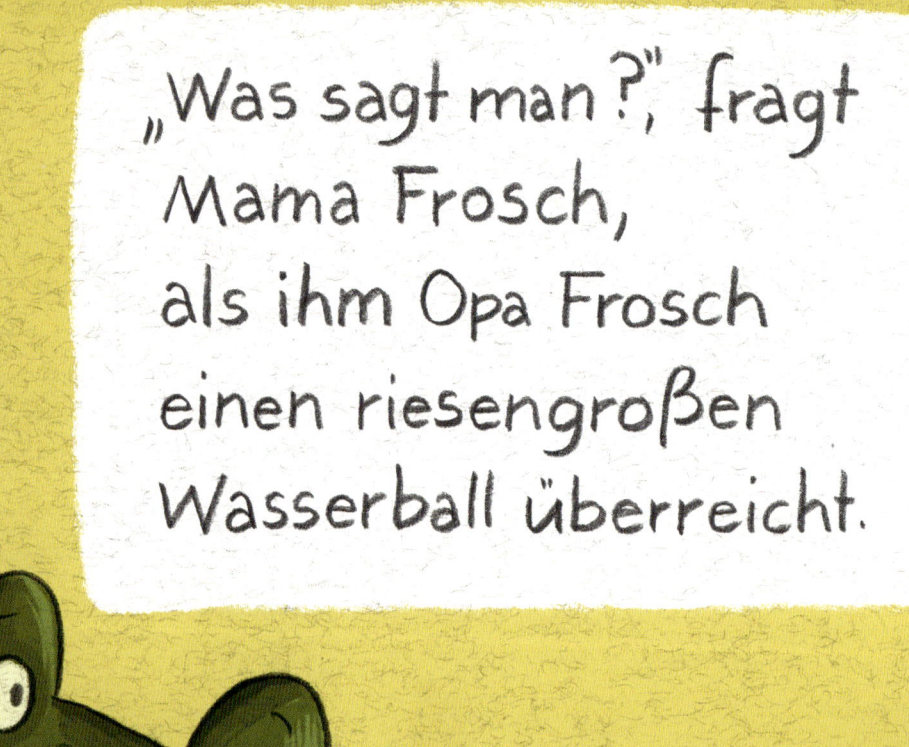

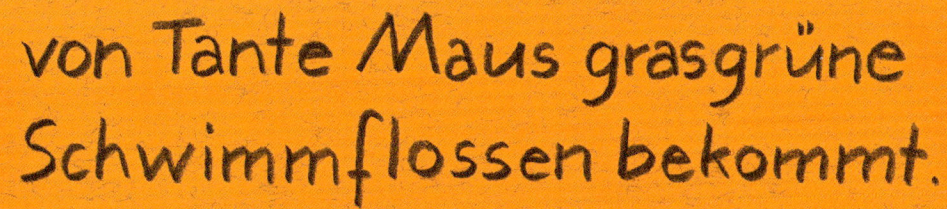

von Tante Maus grasgrüne Schwimmflossen bekommt.

Elefant und Maus haben auch ein Geschenk für Frosch.

... und lächelt erleichtert zurück.

Kein Wort sagt Tante Maus, als sie ihr Stück Kuchen bekommt.